Net op tijd!

Henk Hokke

Net op tijd!

Tekeningen van Saskia Halfmouw

Zwijsen

Vormgeving: Rob Galema

Toegekend door KPC Groep te 's-Hertogenbosch

1e druk 2004

ISBN 90.276.7663.1

NUR 286

© 2004 Tekst: Henk Hokke
Illustraties: Saskia Halfmouw
Uitgeverij Zwijsen Algemeen B.V. Tilburg

Voor België:
Zwijsen-Infoboek, Meerhout
D/2004/1919/195

Inhoud

1. Zwemles   7
2. Waag het niet!   12
3. Stef Blub   16
4. Ze weet het!   20
5. Je moet gaan   24
6. Of durf je niet?   27
7. De wedstrijd   30
8. Help!   34
9. Ik ga met jou!   39

1. Zwemles

Het is 's morgens heel vroeg.
'Ben je klaar, Stef?'
Stefs vader staat bij de deur.
Stef knikt en pakt zijn tas.
Daar zit een zwembroek in en een handdoek.
Stef zit op zwemles.
Pap brengt hem twee keer in de week.
Stef is bang voor water.
Niet gewoon bang, maar echt héél bang.
Dat is al een hele tijd zo.
Al vanaf dat Stef klein was.
Hij kan er niets aan doen.
Hij is gewoon erg bang voor water.
Nu zit hij al twee jaar op les.
Hij zwemt met de kleintjes mee.
De kleintjes van zes jaar.
Dat gaat heel goed.
Stef is nog steeds bang voor water.
Maar lang niet meer zo erg als eerst.
Niemand weet dat hij les heeft.
Zelfs zijn vriend Bas weet het niet.

Pap stuurt de bocht om.
'Is er iets, Stef?' vraagt hij.
'Je bent zo stil vandaag.'
'Nee hoor, er is niks,' zegt Stef vlug.
Hij staart uit het raam.
Hij denkt aan Kim uit zijn klas.

Zou ze met hem naar de kermis gaan?
Stef heeft het haar gevraagd.
Kim zei dat ze het nog niet wist.
Ton had haar ook al gevraagd.
Nu weet ze niet met wie ze wil.
Stef bijt op zijn lip.
Dat stomme joch!

'We zijn er,' klinkt de stem van pap.
Stef schrikt op.
'Kleed je maar gauw om,' zegt pap.
Stef loopt naar het kleedhok.
Daar kleedt hij zich om.
Stef voelt een knoop in zijn maag.
Dat is bij elke les zo.
Hij haalt een paar keer diep adem.
Dan loopt hij naar het kleine bad.
Daar is het heel ondiep.
Aan de kant staan twee meisjes.
Stef kent ze wel.
Het zijn Ank en Ella uit zijn groep.
Een paar jongens zijn al in het water.
'Hoi Stef,' zegt Ank.
Stef steekt een hand naar haar op.
Ella stapt ook in het water.
Ze spat Stef nat.
Die doet vlug een stap opzij.
'Niet doen!' roept hij boos.
Hij kijkt op de klok bij de ingang.
Het is bijna half acht.

Er komt een man aan in een korte broek.
Het is Mark, de badman.
Om zijn nek hangt een fluit.
Daar blaast hij een paar keer op.
'Gauw in het water,' roept hij.
'En maak maar eens een lange rij.'
Ze doen wat Mark zegt.

Ook Stef stapt in het water.
Mark gooit een bal in het bad.
'Ja, rennen!' schreeuwt hij.
'Wie het eerst bij de bal is!'
Ze hollen naar de bal toe.
Het water spat hoog op.
Stef doet niet erg zijn best.
Hij kan wel winnen als hij wil.
Maar dat is geen kunst met die kleintjes.
John is het eerst bij de bal.
Hij houdt hem juichend in de lucht.
'Goed gedaan, John,' zegt Mark.
'Kom maar weer naar de kant.'

Mark wacht tot ze bij hem zijn.
'Let nu goed op,' zegt hij.
'Want er komt iets heel moeilijks.
Je gaat op je buik in het water liggen.
Je handen steunen op de bodem van het bad.
Dan loop je op je handen die kant op.'
Hij wijst naar het eind van het bad.
'Ga maar vast klaarstaan,' zegt hij.
'Ik kijk wel wie het verst komt.'

Stef laat zich zakken.
Zijn hart gaat hevig te keer.
'Klaar ... af!' roept Mark.
Ank en Ella zijn al op weg.
Stef haalt diep adem.
Dan draait hij op zijn buik.
Hij zet zijn handen op de bodem.
Langzaam loopt hij een stukje.
Ha, dat valt erg mee.
Stef maakt wat meer tempo.
Al gauw haalt hij John en Kees in.
Bijna is hij bij de kant.

En dan ...
Dan hoort hij opeens een stem.
'Hé, daar heb je Stef!
Wat doe jij bij al die ukkies?'
Stefs hart staat bijna stil.
Hij kent die stem!
Stef gaat rechtop staan.
Hij ziet een jongen op de kant.
Het is Ton!

2. Waag het niet!

Stef krijgt een kleur.
Ton ziet het en grijnst.
'Heb je zwemles, Stef?' vraagt hij.
'Poe, dat lijkt me spannend, zeg.
Durf je al met je hoofd onder water?
Of vind je dat nog te eng?'
Stef steekt een vuist naar hem op.
'Dat durf ik heus wel,' snauwt hij.
'Wat doe jij hier trouwens?'
Ton kijkt hem stoer aan.
'Er komt een nieuw kleedhok bij het bad.
Dat gaat mijn vader bouwen.
Ik mocht met hem mee om te helpen en zo.
En toen zag ik jou bij die ukkies.'

Er klinkt een fluit.
'Kom op, Stef,' roept Mark.
'We zijn nog lang niet klaar.'
Ank komt naar Stef toe.
Ze probeert hem mee te trekken.
'Kom je ook, Stef?'
Stef duwt haar arm weg.
Ton grijnst.
'Ja, kom je ook, Stef?' herhaalt hij.
Stef snuift een paar keer door zijn neus.

'Ton, ga je mee?' klinkt een stem.
Het is de vader van Ton.

Hij staat bij de ingang en wenkt.
Ton steekt een hand naar hem op.
'Ik kom er zo aan,' roept hij.
Hij kijkt Stef aan.
'Ik zie je straks wel op school.'
Stef zegt niets.
Ton draait zich nog een keer om.
'Het is wel een mooi verhaal,' zegt hij.
Hij grijnst gemeen.
'Stef die met de ukkies zwemles heeft.
Er is vast niemand die dat gelooft.
Denk je ook niet?'
Stef stormt op hem af.
Hij hijst zich op de kant.
'Waag het niet!' sist hij.
Zijn stem trilt van woede.
'Wat bedoel je?' zegt Ton.
'Dat weet je heus wel,' snauwt Stef.
Ton doet of hij diep nadenkt.
'O ja, ik snap het al.
Niemand weet het van je zwemles.
En nu ben je bang dat ik het vertel.'
Ton schatert het uit.
Dan rent hij naar de uitgang.

Stef kijkt hem na tot hij weg is.
Hij sloft terug naar zijn groep.
Mark legt net iets nieuws uit.
Stef springt in het water.
Hij gaat naast Ank staan.
'Wie was dat?' vraagt Ank.

'Niemand,' bromt Stef.
Hij kijkt om, maar Ton is er niet meer.
Die is vast al naar huis.
En straks ...
Straks gaat hij naar school.
Zal Ton zijn mond houden?

3. Stef Blub

Het is bijna half negen.
Op het plein is het al heel druk.
Stef zet zijn fiets in het hok.
Zijn vriend Bas holt meteen op hem af.
'Wat ben je laat, man!
Het is al bijna tijd.'
Stef knikt, maar hij zegt niets.
Zijn ogen gaan over het plein.
Kim staat bij een groep meisjes.
Bij de schooldeur ziet hij Ton.
Hij staat bij Sjors en Falco.
Ze hebben veel lol zo te zien.

Bas kletst aan één stuk door.
Maar Stef hoort hem niet.
Hij kijkt strak naar Ton.
Die houdt een hand gestrekt voor zich uit.
Een meter boven de grond.
Dan knijpt hij zijn neus dicht.
Sjors giert het uit.
Ook Falco lacht heel hard.
Stef voelt hoe zijn keel dicht zit.
Wat bedoelt Ton daarmee?
Toch niet ...?
'Wat is er?' vraagt Bas.
'Ik heb je al drie keer iets gevraagd.'
Stef zucht en slikt een paar keer.
'Ach eh ... er is niks,' zegt hij.

Hij pakt zijn rugzak.
'Ga je na school met me mee?' vraagt Bas.
'Dan gaan we verder met de hut.'
'Goed,' zegt Stef.
'Dan ga ik eerst naar huis.
En dan kom ik ...'
Hij wil nog meer zeggen.
Maar opeens staat Sjors bij hen.
'Ha, Stef Blub,' zegt hij met een grijns.
Meteen rent hij heel hard weg.
'Stef Blub?' vraagt Bas.
'Wat is dat voor gek gedoe?'
Stef voelt dat hij een kleur krijgt.
Falco holt vlak langs hen.
'Daar heb je Stef Blub!' schreeuwt hij.
En weg is hij alweer.

Bas kijkt zijn vriend aan.
'Snap jij daar wat van?'
Stef kijkt naar de grond.
Moet hij het zeggen?
Ach, straks weet toch de hele school het.
'Ik zit op zwemles,' zegt hij zacht.
'Op zwemles?' herhaalt Bas

Dan vertelt Stef hem alles.
Hij vertelt van zijn angst voor water.
Van de lessen twee keer per week.
En dat Ton hem heeft gezien.
Bas wacht tot Stef klaar is.
'Maar waarom heb je nooit wat gezegd?

Ik ben toch je beste vriend?'
Stef kijkt hem dankbaar aan.
'Dat weet ik wel,' zegt hij.
'Maar ... nou ja, dat kon ik niet.'

De bel gaat.
Zwijgend lopen ze naar de deur.
In de gang staat Ton.
'Ha die Stef,' zegt hij.
'Een tijd niet gezien, hè?'
Dan loopt hij naar de klas.
Met zijn armen doet hij net of hij zwemt.
'Aan de kant!' roept hij.
'Hier komt Stef Blub aan.'
Bas pakt de arm van Stef.
'Laat hem maar,' zegt hij.
Stef ziet dat Kim haar jas ophangt.
Zou zij het ook al weten?
Stef voelt zich opeens heel slap.

4. Ze weet het!

In de pauze stapt Kim op Stef af.
Ze heeft een stapel kaarten in haar hand.
Stef voelt hoe hij begint te zweten.
Zou ze het al weten?
Kim geeft hem een kaart.
'Hier, die is voor jou,' zegt ze.
'Ik ben morgen jarig.
En ik geef woensdag een feest.
Kom je dan ook?'
Stef kijkt haar met grote ogen aan.
Dan staart hij naar de kaart.
'Eh ... ja,' stottert hij.
'Dat is goed.'
'Mooi zo,' zegt Kim.
'Het wordt een heel leuk feest.'
Ze wijst naar de kaart.
'Daar staat alles in.
Hoe laat het begint en zo.'
'Wie komen er nog meer?' vraagt Stef.
Kim houdt de kaarten in de lucht.
'Dat zeg ik niet,' lacht ze.
'Je zult het wel zien.
Ik vraag drie jongens en drie meisjes.'

Ze holt het plein op.
Stef ziet dat ze naar Hans loopt.
Ze geeft hem een kaart.
Ha, dat is leuk.

Hans is heel aardig.
En je kunt altijd met hem lachen.
Hé, wat doet Kim nou?
Ze loopt naar Ton!
Stef kreunt zacht.
Dat kan toch niet waar zijn!
Ja hoor, ze geeft Ton een kaart.
Hoe kan Kim dat nou doen?

Stef vouwt de kaart open.
Hij ziet er heel mooi uit.
Stef leest wat er staat:

Beste Stef,
Ik ben jarig en geef een feest.
Het feest is op woensdag 3 maart.
Het begint om twee uur.
's Avonds mag je blijven eten.
Het feest duurt tot acht uur.
O ja, neem je zwembroek mee.
Kim

Stef voelt zich opeens heel licht.
Hij leest de laatste zin nog eens.
Neem je zwembroek mee.
Het dreunt door zijn hoofd.
Neem je zwembroek mee!
Neem je zwembroek mee!
Hij vouwt de kaart weer dicht.
Ze weet het!
Dat kan haast niet anders.

Ton heeft het haar verteld.
Stef zucht eens diep.
Wat moet hij nu doen?

5. Je moet gaan

's Middags zit Stef met Bas in hun hut.
'Wat moet ik nu doen?' vraagt Stef.
De kaart staat voor hem op de grond.
Bas haalt zijn schouders op.
'Ik zou gewoon gaan,' zegt hij.
'Wat kan het jou schelen dat Ton er is?
Hans is er toch ook?
Die is heus wel aardig, hoor.'
Stef pakt de kaart en leest hem nog eens.
'Neem je zwembroek mee,' zegt hij zacht.

Stef kijkt peinzend de tuin in.
Hij kent het huis van Kim wel.
Hij is er weleens langs gefietst.
Het huis is heel groot.
In de tuin ligt een zwembad.
En er is een grote vijver.
Stef rilt als hij eraan denkt.
Hij smijt de kaart op de grond.
'Maar ze gaan zwemmen,' zegt hij.
'En ik kan dus niet zwemmen.'

Bas schudt zijn hoofd.
'Nou en?
Dan doe je net of je eh ... ziek bent.
Je zegt dat je griep hebt.
En dat je niet mag zwemmen.'
Stef kijkt hem verrast aan.

'Ja, dat zou ik kunnen doen.'
Hij denkt diep na.
'Goed, ik ga erheen,' zegt hij dan.
Bas staat op.
'En je zwembroek laat je gewoon thuis.
Je hebt toch griep?'
Stef knikt langzaam.
'Goed idee,' zegt hij vrolijk.

Maar dan betrekt zijn gezicht weer.
'Zou Ton het aan Kim verteld hebben?
Van mijn zwemles, bedoel ik.'
'Vast niet,' troost Bas hem.
'Dat zou wel heel gemeen zijn.'
Stef staat ook op.
'Ik moet naar huis,' zegt hij.
'Haal je me morgen op?'
'Om acht uur ben ik bij je,' zegt Bas.
Stef fietst naar huis.
Ik ga naar het feest, denkt hij.
En ik laat mijn zwembroek thuis.

6. Of durf je niet?

Het is woensdag 3 maart.
Stef staat voor het huis van Kim.
Hij drukt op de bel en wacht.
Hij heeft een pakje in zijn hand.
Stef kijkt eens rond.
Rechts ziet hij de grote vijver.
Een stuk verder is een terras.
Daar loopt een klein meisje.
Dat is Lynn, het zusje van Kim.
Stef heeft haar weleens eerder gezien.
Een keer met Kim in de bieb.
Lynn is pas twee jaar.
Ze draagt een wit hoedje.
Dat zal wel tegen de felle zon zijn.
Stef belt nog een keer.

Kim doet de deur open.
Ze draagt een rood badpak.
'Ha Stef,' roept ze vrolijk.
'Kom maar gauw.
De rest is er ook al.'
Stef knikt.
Hij had de fietsen al zien staan.
Stef geeft Kim het pakje.
Ze maakt het open en slaakt een kreet.
'O, dat boek wou ik net graag hebben.
Dank je wel.'
Ze geeft Stef een zoen op zijn wang.

Hij krijgt er een kleur van.
'Kom maar mee,' zegt Kim.
Stef volgt haar.

Kim loopt naar het zwembad toe.
Ton springt juist van de duikplank.
Hans gooit een bal over naar Lot.
Kim wijst naar een deur.
'Dat is het kleedhok,' zegt ze.
'Hé, waar heb je je zwembroek?'
Stef doet net of hij schrikt.
'Ik eh ... ach, wat stom,' stottert hij.
Die ligt nog thuis.'
'Geeft niet,' zegt Kim.
'Ik pak er wel een van mijn broer.'
Ze rent weg en is algauw weer terug.
Ze gooit Stef een blauwe zwembroek toe.
'Hier, die past je wel.'
Stef durft niets te zeggen.

Hij stapt het kleedhok in.
Hij kan zich wel voor zijn hoofd slaan.
Waarom zei hij niet dat hij griep heeft?
Daar is het nu te laat voor.
Hij trekt de zwembroek aan.
Die past hem precies.
Stef voelt hoe zijn hart bonst.
Dan doet hij de deur open.
Langzaam loopt hij naar het zwembad.
Bij de rand blijft hij staan.
'Hé, daar heb je Stef,' roept Ton.

'Kom er maar gauw in.
Of durf je niet?
Het water is echt lekker, hoor.'
Stef geeft geen antwoord.
Zijn borst gaat snel op en neer.
Hij schuifelt nog wat naar voren.
Tot hij op de rand staat.
Zijn hoofd draait.

7. De wedstrijd

Stef kijkt naar het water.
Zijn keel is droog van angst.
'Waarom blijf je nou staan?' vraagt Ton.
'Kom op, man,' roept Hans.
'Dan kun je meedoen met ons spel.'
Stef bijt zijn lip bijna stuk.
Vlak voor hem is het bad niet erg diep.
Je kunt er gewoon staan.
Stef gaat op de rand zitten.
Zijn benen hangen in het water.

Kim, Lot en Marga wenken hem.
'Kom er maar in, Stef,' roept Kim.
Stef kijkt van Kim naar Ton.
Zou ze het weten?
Zou Ton het verteld hebben?
Stef glijdt in het water.
Bijna gaat hij kopje onder.
Vlug gaat hij rechtop staan.
Ton geeft hem een duw en zwemt dan weg.
'Hou op!' roept Stef kwaad.
Hans gooit de bal naar Stef toe.
Stef vangt hem keurig op.
Vlug gooit hij hem naar Lot.
Zijn angst verdwijnt een beetje.
Het valt nu best mee.
Lot gooit de bal naar Kim.
Zo gaat de bal de kring rond.

Alleen Ton doet niet mee.
Hij duikt heel stoer van de duikplank.
'Daar kom de bal, Stef!' roept Hans.
Hij smijt de bal naar Stef.

Dan duikt Ton opeens op.
Hij pakt de bal en wenkt hen.
'Ik weet een veel leuker spel,' zegt hij.
Ze gaan in een kring om hem heen staan.
'We doen een wedstrijd,' zegt Ton.
'Een wedstrijd wie het hardst kan zwemmen.'
Hij wijst naar de rand.
'Daar duiken we erin.
En dan doen we wie het eerst daar is.'
Stef kijkt in de richting die Ton aanwijst.
Hij slikt een paar keer.
'Kom op,' roept Ton.

Ze gaan op de rand van het bad staan.
Stef staat naast Kim.
Hij kijkt haar aan.
'Hoe ... hoe diep is het daar?'
Hij wijst naar het eind van het bad.
Kim haalt haar schouders op.
'Dat weet ik niet.
Ik denk twee meter of zo.
Je kunt er in elk geval niet staan.
Maar waarom vraag je dat?'
'Zo maar,' zegt Stef schor.
Zijn keel zit dicht van angst.
'Klaar?' roept Ton.

Stef stapt weg van de rand.

Ton ziet het.
'Hé Stef, doe je niet mee?
Of moet je soms eerst naar zwemles?'
Hij schatert het uit.
Stef zegt niets.
Kim kijkt hem bezorgd aan.
'Wat is er?
Je ziet zo wit.'
Stef gaat op een bankje zitten.
Hij legt zijn hoofd in zijn handen.
'Hij durft niet!' roept Ton.
'Ha ha, wat een bangerd!
Hé, Stef Blub, heb je nog les gehad?'

Stef springt op en rent weg.
Hij vecht tegen zijn tranen.
Hij grist zijn kleren uit het kleedhok.
Dan holt hij de hoek om.
Kim roept hem nog na.
Maar Stef hoort het niet.

8. Help!

Stef rent over het terras.
Lynn is er niet meer.
Er ligt alleen een pop.
Stefs blik gaat naar de vijver.
Hé, wat is dat?
Met een ruk blijft hij staan.
Er drijft iets in het water.
Wat is dat daar tussen het riet?
Dat is toch niet ...?

Stef denkt niet na.
Hij sprint zo hard hij kan naar de vijver.
Tussen het riet drijft een hoedje.
Een wit hoedje.
En in het midden van de vijver ...
In het midden drijft een kind!
Het is Lynn.
Ze drijft met haar gezicht in het water.
Stef smijt zijn kleren van zich af.
Hij plonst in het water.
'Help!' schreeuwt hij zo hard hij kan.
'Help!'
Hij waadt naar Lynn toe.
Het water wordt steeds dieper.
Stef voelt hoe de modder zuigt.
Hijgend zet hij door.
Hij is nu bijna bij Lynn.

Stef steekt zijn hand uit.
Hij draait Lynn om.
Haar ogen zijn dicht.
En haar gezicht is spierwit.
Ze proest een paar keer.
Uit haar mond loopt een straal water.
Stef slaat zijn arm om haar hals.
Hij wil haar naar de kant trekken.

Opeens voelt hij geen grond meer.
Zijn hoofd gaat onder water.
Stef trapt woest met zijn benen.
Er komt water in zijn mond.
Hij spert zijn ogen wijdopen.
Het water is zwart.
Stef ziet niets.
Langzaam zakt hij naar de bodem.
Dan raken zijn voeten de grond weer.
Stef zet zich af.
Hij komt weer boven.
Proestend kijkt hij rond.
Lynn is vlak bij hem.
Ik moet rustig blijven, denkt Stef.
Net als op zwemles.
Niet in paniek raken.

Stef spreidt zijn armen.
Hij trappelt met zijn voeten.
Net zoals Mark hem geleerd heeft.
Dat gaat beter.
Hij blijft nu drijven.

Stef pakt Lynn weer vast.
Langzaam trekt hij haar mee.
Ik zwem, denkt hij.
Ik zwem echt!

Er komen stemmen van de kant.
Stef kijkt om.
Daar staan Ton, Hans, Lot en Marga.
Waar zou Kim zijn?
Stef voelt hoe zijn kracht afneemt.
Toch houdt hij vol.
Hij zwemt met Lynn naar de kant.
Stef kreunt.
Alles doet zeer.
Zijn armen, zijn benen, zijn hele lijf.
Hij kan bijna niet meer.

'Hou vol!' klinkt opeens een stem.
Stef kijkt om.
Een man plonst het water in.
Het is de vader van Kim.
In een paar tellen is hij bij hen.
Hij pakt Lynn en Stef stevig vast.
En hij trekt hen naar de kant.
'Gaat het?' vraagt hij aan Stef.
Stef hoest een paar keer en knikt.
Hij ploft languit op zijn rug in het gras.
Kims vader holt weg.
Met Lynn in zijn armen.
'Stef!'
Dat is de stem van Kim.

Stef kijkt op.
Hij wil wat zeggen.
Maar opeens wordt alles zwart.

9. Ik ga met jou!

Het is een dag later.
Stefs moeder kijkt om de hoek.
'Stef, er is bezoek voor je.'
Stef gaat rechtop in bed zitten.
Hij voelt zich al weer een stuk beter.
De dokter is net weg.
Hij zei dat het wel meeviel.
Stef moet een dag in bed blijven.
'Stuur Bas maar naar boven,' zegt hij.
Zijn moeder glimlacht.
'Dat zal ik doen,' zegt ze.

Stef hoort dat iemand de trap op komt.
Dan wordt er op de deur geklopt.
'Ha ha,' roept Stef vrolijk.
'Kom er maar in Bas.
Je hoeft hcus niet te kloppen, hoor.'
De deur gaat open.
Er komt een meisje binnen.
'Bas?' vraagt ze plagend.
'Ik eh ... ik bedoel eh ...' stamelt Stef.
Kim zet een stoel naast het bed.
'Hoe gaat het met je?'
'Wel goed,' zegt Stef.
'Ik moet een dag in bed blijven.
En hoe gaat het met Lynn?'

Kim gaat zitten.

'Het gaat heel goed met haar.
Ze heeft heel erg gehoest en gebraakt.
En de dokter is ook geweest.
Het komt wel weer goed met haar.'
Ze legt een hand op Stefs arm.
'Maar als jij er niet was geweest ...'
Ze maakt de zin niet af.
Stef weet wel wat ze bedoelt.
Kim kijkt hem aan.
'Waarom holde je nou zo hard weg?'
Stef krijgt een kleur.
Even nog aarzelt hij.

'Ik ... ik was bang,' zegt hij zacht.
Hij vertelt Kim alles.
Over zijn angst voor water.
Over zijn zwemles twee keer in de week.
En over Ton die hem daar zag.
Kim luistert met een hand onder haar kin.
Ze wacht tot Stef klaar is.
'Dat wist ik niet,' zegt ze dan.
Stef kijkt haar verrast aan.
'Heeft Ton dan niks verteld?'
Kim schudt haar hoofd.
'In elk geval niet aan mij.
Maar dat doet er niet toe.
Het was heel gemeen van hem.'
Ze staat op en loopt naar de deur.

Daar draait ze zich om.
'Ben je morgen om vier uur bij me?'

Stef kijkt haar met grote ogen aan.
'Om vier uur?' zegt hij.
'Maar ... maar ... bedoel je dat we dan ...?'
De vraag blijft in de lucht hangen.
'Ja, dat bedoel ik,' zegt Kim.
'Ik ga morgen met jou naar de kermis.
Nou ja, als je dat nog wilt.'
Stef knikt een paar keer heftig.
'Ja goed, dan haal ik je om vier uur op.'
Kim is met een paar stappen bij zijn bed.
Ze drukt een zoen op zijn wang.
Dan holt ze de kamer uit.

Stef voelt aan zijn wang.
Hij legt zijn hoofd op het kussen.
Ze gaat met mij! denkt hij.
Ze gaat niet met Ton, maar met mij!
Stef sluit zijn ogen.
Het wordt morgen een mooie dag.
Kim gaat met hem naar de kermis.
Met Stef Blub!

Zoeklicht spellen

Zoeklicht spellen zijn ook zeer geschikt voor kinderen met dyslexie of andere leesmoeilijkheden, maar bovenal een uitdaging voor alle kinderen die dol zijn op spelletjes. Zoeklichtspellen wil je blijven spelen!

Code X

Kraak de code! Zet op alledrie de plaatsen een letter. Zie je een woord? Dan heb je de code gekraakt en krijg je een punt. Nu mag de tegenstander zijn code proberen te kraken. Jouw code verandert dan ook. Let dus goed op: misschien kraakt je tegenstander jouw code ook en krijg je weer een punt. Wie het eerste tien codes heeft gekraakt is de Meester-kraker!

Spot

'SPOT!' Gooi de dobbelsteen en verplaats je pion op je eigen speelbord. Kijk of er andere spelers zijn die op een vakje staan waarin dezelfde letter voorkomt. Roep: 'spot!' en word de 'Hot-spotter' van het spel! Zie, spreek, luister en overwin!

Een ander spannend Zoeklichtboek

Geheim agent

Rins en oom Ben zijn op weg naar Artis.
Rins vindt oom Ben aardig, maar saai.
Mijn slome oom, denkt hij.
Wie rijdt er nu zo langzaam?
Opeens geeft oom Ben gas.
De auto scheurt over de weg.
'Ze zitten achter me aan!' roept oom Ben.